AF203507

Weihnachtsgedichte
für Kinder

MARIA BUCHNER

Weihnachtsgedichte für Kinder

 DAS GROSSE KLEINE BUCH   № 010

Maria Buchner

Weihnachtsgedichte für Kinder

Joseph von Eichendorff

Weihnachten

Markt und Straßen stehn verlassen,
Still erleuchtet jedes Haus,
Sinnend geh' ich durch die Gassen,
Alles sieht so festlich aus.

An den Fenstern haben Frauen
Buntes Spielzeug fromm geschmückt,
Tausend Kindlein stehn und schauen,
Sind so wunderstill beglückt.

Und ich wandre aus den Mauern
Bis hinaus ins freie Feld,
Hehres Glänzen, heil'ges Schauern!
Wie so weit und still die Welt!

Sterne hoch die Kreise schlingen,
Aus des Schnees Einsamkeit
Steigt's wie wunderbares Singen –

O du gnadenreiche Zeit!

Volksgut

Adventskranz

Nun kommt das Christkind aber bald,
wir holen Tannen aus dem Wald,
für einen Kranz so rund und fein,
darauf brennen vier rote Kerzelein.
Heute zünden wir die erste an,
am Sonntag ist die zweite dran,
bei der dritten, da leuchtet schon das ganze Gesicht,
weil es überall nach Weihnachten riecht.
Und wenn die vierte angemacht,
dann läuten Glocken zur Heiligen Nacht.
Sie läuten von nah, sie läuten von fern,
freut euch, ihr Menschen, es weihnachtet sehr.

Volksgut

Advent, Advent, ein Lichtlein brennt

Advent, Advent,
ein Lichtlein brennt!
Erst eins, dann zwei, dann drei, dann vier,
dann steht das Christkind vor der Tür!

Heinrich Seidel

Der kleine Nimmersatt

„Ich wünsche mir ein Schaukelpferd,
’ne Festung und Soldaten
Und eine Rüstung und ein Schwert,
Wie sie die Ritter hatten.

Drei Märchenbücher wünsch’ ich mir
Und Farbe auch zum Malen
Und Bilderbogen und Papier
Und Gold- und Silberschalen.

Ein Domino, ein Lottospiel,
Ein Kasperletheater,
Auch einen neuen Pinselstiel
Vergiss nicht, lieber Vater!

Ein Zelt und sechs Kanonen dann
Und einen neuen Wagen
Und ein Geschirr mit Schellen dran,
Beim Pferdespiel zu tragen.

Ein Perspektiv, ein Zootrop,
'ne magische Laterne,
Ein Brennglas, ein Kaleidoskop
Dies alles hätt' ich gerne.

Mir fehlt – ihr wisst es sicherlich –
Gar sehr ein neuer Schlitten,
Und auch um Schlittschuh' möchte ich
Noch ganz besonders bitten.

Um weiße Tiere auch von Holz
Und farbige von Pappe,
Um einen Helm mit Federn stolz
Und eine Flechtemappe.

Auch einen großen Tannenbaum,
Dran hundert Lichter glänzen,
Mit Marzipan und Zuckerschaum
Und Schokoladenkränzen.

Doch dünkt dies alles euch zu viel,
Und wollt ihr daraus wählen,
So könnte wohl der Pinselstiel
Und auch die Mappe fehlen."

Als Hänschen so gesprochen hat,
Sieht man die Eltern lachen:
„Was willst du, kleiner Nimmersatt,
Mit all den vielen Sachen?"

„Wer so viel wünscht" – der Vater spricht's –,
„Bekommt auch nicht ein Achtel –
Der kriegt ein ganz klein wenig Nichts
In einer Dreierschachtel."

Volksgut

Wann ist wohl Weihnachtszeit?

Wann ist wohl Weihnachtszeit?
Wenn es draußen tüchtig schneit,
wenn wir Nüsse knacken,
wenn wir Kekse backen,
wenn wir mit der Mutter singen,
wenn alle Glocken klingen,
wenn alle Welt sich freut,
ja, dann ist Weihnachtszeit!

Josef Guggenmos
Am 4. Dezember

Geh in den Garten
am Barbaratag!
Geh zum kahlen
Kirschbaum und sag:

„Kurz ist der Tag,
grau ist die Zeit.
Der Winter beginnt,
der Frühling ist weit.

Doch in drei Wochen,
da wird es geschehn:
Wir feiern ein Fest
wie der Frühling so schön.

Baum, einen Zweig
gib du mir von dir!
Ist er auch kahl,
ich nehm' ihn mit mir.

Und er wird blühen
in leuchtender Pracht
mitten im Winter
in der Heiligen Nacht."

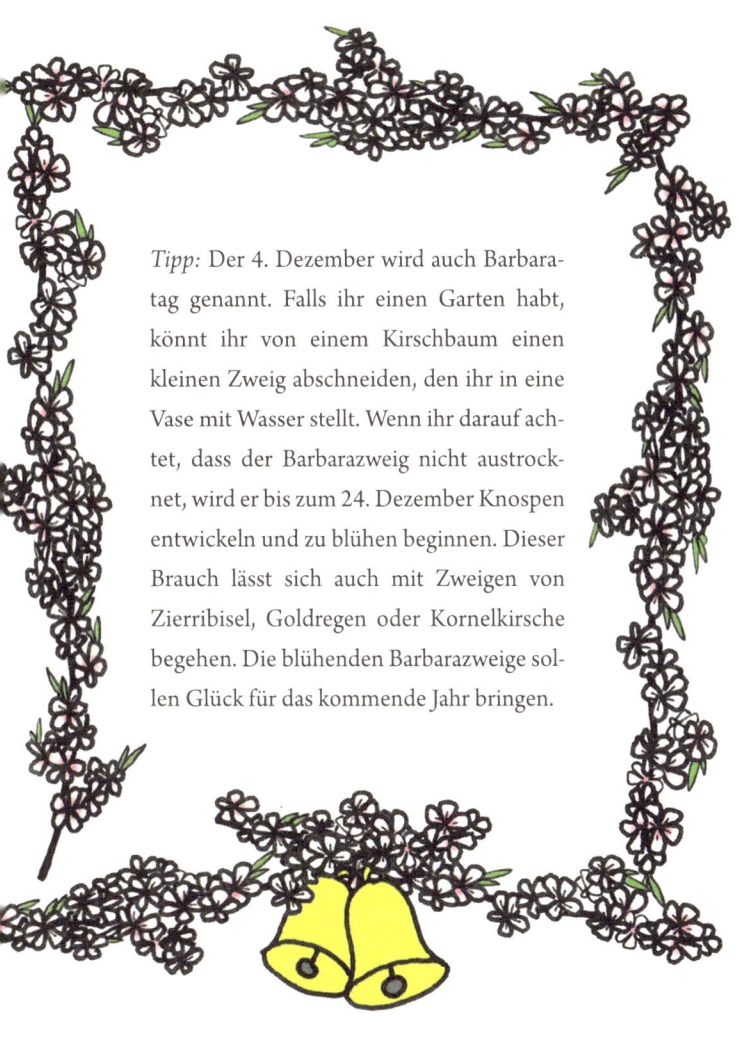

Tipp: Der 4. Dezember wird auch Barbara-tag genannt. Falls ihr einen Garten habt, könnt ihr von einem Kirschbaum einen kleinen Zweig abschneiden, den ihr in eine Vase mit Wasser stellt. Wenn ihr darauf achtet, dass der Barbarazweig nicht austrocknet, wird er bis zum 24. Dezember Knospen entwickeln und zu blühen beginnen. Dieser Brauch lässt sich auch mit Zweigen von Zierribisel, Goldregen oder Kornelkirsche begehen. Die blühenden Barbarazweige sollen Glück für das kommende Jahr bringen.

Christian Fürchtegott Gellert

Guter Nikolaus

Guter Nikolaus,
komm in unser Haus,
triffst ein Kindlein an,
das ein Sprüchlein kann
und schön folgen will.
Halte bei uns still,
schütt dein Säcklein aus,
guter Nikolaus!

Ach, du lieber Nikolaus,
komm doch einmal in mein Haus!
Hab so lang an dich gedacht!
Hast mir auch was mitgebracht?

Anna Ritter

Weihnachten

Weißer Flöckchen Schwebefall,
Stille Klarheit überall,
Glockenklang und Schellenklingen,
Mäulchen, die vom Christkind singen,
Flammen, die von grünen Zweigen
Gläubig, strahlend aufwärts steigen,
Und im tiefsten Herzen drinnen
Ein Erinnern, ein Besinnen …

Neige dich, mein Herz, und bete,
Dass das Christkind zu dir trete,
Auch in deiner Schwachheit Gründen
Eine Flamme zu entzünden,
Die das Ringen deiner Tage,
Gläubig strahlend aufwärts trage.

Anna Ritter

Vom Christkind

Denkt euch, ich habe das Christkind gesehn!
Es kam aus dem Walde, das Mützchen voll Schnee,

mit rotgefrorenem Näschen.
Die kleinen Hände taten ihm weh,

denn es trug einen Sack, der war gar schwer,
schleppte und polterte hinter ihm her.

Was drin war, möchtet ihr wissen?
Ihre Naseweise, ihr Schelmenpack –

denkt ihr, er wäre offen, der Sack?
Zugebunden bis oben hin!

Doch war gewiss was Schönes drin!
Es roch so nach Äpfeln und Nüssen!

Volksgut aus Bayern

Der Bratapfel

Kinder, kommt und ratet,
was im Ofen bratet!
Hört, wie's knallt und zischt,
bald wird er aufgetischt,
der Zipfel, der Zapfel,
der Kipfel, der Kapfel,
der gelbrote Apfel.

Sie pusten und prusten,
sie gucken und schlucken,
sie schnalzen und schmecken,
sie lecken und schlecken
den Zipfel, den Zapfel,
den Kipfel, den Kapfel,
den knusprigen Apfel.

Kinder, lauft schneller,
holt einen Teller,
holt eine Gabel,
sperrt auf den Schnabel,
für den Zipfel, den Zapfel,
den Kipfel, den Kapfel,
den goldbraunen Apfel.

Tipp: Er gehört ebenso zur Adventszeit wie selbst gemachte Kekse und Kletzenbrot: der Bratapfel. Und so einfach geht's:

Zutaten für vier Personen:
- 4 große Äpfel (z. B. Schöner von Boskoop)
- 4 EL Preiselbeermarmelade
- 1 Messerspitze Zimt
- 50 g Mandelsplitter
- 4 TL Butter

Zubereitung:
1) Äpfel waschen und das Kerngehäuse entfernen.
2) Die Äpfel in eine hitzebeständige Auflaufform setzen.
3) Die Preiselbeermarmelade mit einer Messerspitze Zimt und den Mandelsplittern vermischen, die Masse vorsichtig in die Äpfel füllen.
4) Butterflöckchen auf die Äpfel geben und bei 180° C ca. 30 Minuten im Ofen braten.

Robert Reinick

Weihnachtsfest

Der Winter ist gekommen
Und hat hinweggenommen
Der Erde grünes Kleid;
Schnee liegt auf Blütenkeimen,
Kein Blatt ist an den Bäumen,
Erstarrt die Flüsse weit und breit.

Da schallen plötzlich Klänge
Und frohe Festgesänge
Hell durch die Winternacht.
In Hütten und Palästen
Ist rings in grünen Ästen
Ein bunter Frühling aufgewacht.

Wie gern doch seh' ich glänzen
Mit all den reichen Kränzen
Den grünen Weihnachtsbaum,
Dazu der Kindlein Mienen,
Von Licht und Lust beschienen!
Wohl schön're Freude gibt es kaum!

Da denk' ich jener Stunde,
Als in des Feldes Runde
Die Hirten sind erwacht,
Geweckt vom Glanzgefunkel,
Das durch der Bäume Dunkel
Ein Engel mir herabgebracht.

Und wie sie da nach oben
Den Blick erschrocken hoben
Und sahn den Engel stehn,
Da staunten sie wohl alle,
Wie wenn zum ersten Male
Die Kindlein einen Christbaum sehn.

Doch was ist all' Entzücken
Der Kindlein, die erblicken,
Was ihnen ward beschert,
Gedenk' ich, wie die Kunde
Des Heils von Engelsmunde
Die frommen Hirten angehört.

Und rings ob allen Bäumen
Sang in den Himmelsräumen
Der frohen Engel Schaar:
„Gott in der Höh' soll werden
Der Ruhm und Fried' auf Erden
Und Wohlgefallen immerdar!"

Drum pflanzet grüne Äste
Und schmücket sie aufs Beste
Mit frommer Liebe Hand,
Dass sie ein Abbild werden
Der Liebe, die zur Erden
Solch großes Heil uns hat gesandt.

Ja, lasst die Glocken klingen,
Dass, wie der Englein Singen,
Sie rufen laut und klar:
„Gott in der Höh' soll werden
Der Ruhm und Fried' auf Erden
Und Wohlgefallen immerdar!"

Rainer Maria Rilke
Advent

Es treibt der Wind im Winterwalde
die Flockenherde wie ein Hirt,
und manche Tanne ahnt, wie balde
sie fromm und lichterheilig wird,
und lauscht hinaus. Den weißen Wegen
streckt sie die Zweige hin – bereit,
und wehrt dem Wind und wächst entgegen
der einen Nacht der Herrlichkeit.

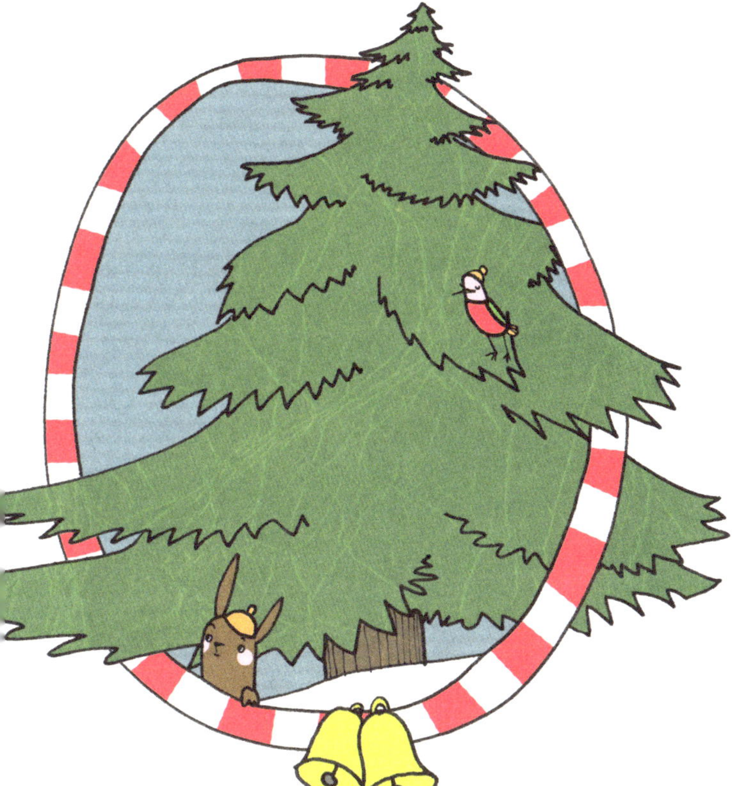

Robert Reinick

Die Nacht vor dem Heiligen Abend

Die Nacht vor dem Heiligen Abend,
da liegen die Kinder im Traum.
Sie träumen von schönen Sachen
und von dem Weihnachtsbaum.

Und während sie schlafen und träumen,
wird es am Himmel klar
und durch den Himmel fliegen
drei Engel wunderbar.

Sie tragen ein holdes Kindlein.
Das ist der heilige Christ.
Es ist so fromm und freundlich,
wie keins auf Erden ist.

Und wie es durch den Himmel
still über die Häuser fliegt,
schaut es in jedes Bettlein,
wo nur ein Kindlein liegt.

Und freut sich über alle,
die fromm und freundlich sind,
denn solche liebt von Herzen
das liebe Himmelskind.

Wird sie auch reich bedenken
mit Lust aufs Allerbest.
Und wird sie schön beschenken
zum himmlischen Weihnachtsfest.

Heut schlafen noch die Kinder
und sehen es nur im Traum,
doch morgen tanzen und springen sie
um den Weihnachtsbaum.

Robert Reinick

Der Schneemann

Steh, Schneemann, steh!
Und bist du auch aus Schnee,
So bist du doch ein ganzer Mann,
Hast Kopf und Leib und Arme dran,
Und hast ein Kleid, so weiß und rein,
Kein Seidenzeug kann weißer sein:
Du stehst so stolz und fest und breit
Als wär' es für die Ewigkeit.

Steh, Schneemann, steh!
Wenn ich dich recht beseh':
So fehlt dir nichts aus weiter Welt,
Du hungerst nicht, sorgst nicht um Geld.
Ich glaub' auch, dass dich gar nichts rührt,
Und wenn es Stein und Beine friert;
Der Frost, der andre klappern lässt,
Der macht dich erst recht hart und fest.

Steh, Schneemann, steh!
Die Sonne kommt, juchhe!
Jetzt wirst du erst recht lustig sein!
Was ist denn das? Was fällt dir ein?
Du leckst und triefst ohn' Unterlass,
O Schneemann, Schneemann, was ist das?
Das schöne warme Sonnenlicht,
Der Menschen Lust erträgst du nicht?

Weh, Schneemann, weh!
Du bist doch nichts als Schnee!
Dein Kopf war dick, doch nichts darin,
Dein Leib war groß, kein Herz darin,
Und das, was andre fröhlich macht,
Hat dir, du Wicht, nur Leid gebracht.
Ich glaub', ich glaub', manch Menschenkind
Ist grade so wie du gesinnt:
Schnee, nichts als Schnee!

August Heinrich Hoffmann von Fallersleben

Weihnachten

Zwar ist das Jahr an Festen reich,
Doch ist kein Fest dem Feste gleich,
Worauf wir Kinder jahraus, jahrein
Stets harren in süßer Lust und Pein.

O schöne, herrliche Weihnachtszeit,
Was bringst du Lust und Fröhlichkeit!
Wenn der heilige Christ in jedem Haus
Teilt seine lieben Gaben aus.

Und ist das Häuschen noch so klein,
So kommt der heilige Christ hinein,
Und alle sind ihm lieb wie die Seinen,
Die Armen und Reichen, die Großen und Kleinen.

Der heilige Christ an alle denkt,
Ein jedes wird von ihm beschenkt.
Drum lasst uns freun und dankbar sein!
Er denkt auch unser, mein und dein.

Heinrich Heine

Die heil'gen drei Könige aus dem Morgenland

Die heil'gen drei Könige aus Morgenland,
sie frugen in jedem Städtchen:
„Wo geht der Weg nach Bethlehem,
ihr lieben Buben und Mädchen?"

Die Jungen und Alten, sie wussten es nicht.
Die Könige zogen weiter,
sie folgten einem goldenen Stern,
der leuchtete lieblich und heiter.

Der Stern bleibt stehn über Josefs Haus,
da sind sie hineingegangen;
das Öchslein brüllt', das Kindlein schrie,
die heil'gen drei Könige sangen.

August Heinrich Hoffmann von Fallersleben

Der Traum

Ich lag und schlief; da träumte mir
ein wunderschöner Traum:
Es stand auf unserm Tisch vor mir
ein hoher Weihnachtsbaum.

Und bunte Lichter ohne Zahl,
die brannten ringsumher;
die Zweige waren allzumal
von goldnen Äpfeln schwer.

Und Zuckerpuppen hingen dran;
das war mal eine Pracht!
Da gab's, was ich nur wünschen kann
und was mir Freude macht.

Und als ich nach dem Baume sah
und ganz verwundert stand,
nach einem Apfel griff ich da,
und alles, alles schwand.

Da wacht' ich auf aus meinem Traum,
und dunkel war's um mich.
Du lieber, schöner Weihnachtsbaum,
sag an, wo find ich dich?

Da war es just, als rief er mir:
„Du darfst nur artig sein;
dann steh' ich wiederum vor dir –
jetzt aber schlaf nur ein!

Und wenn du folgst und artig bist,
dann ist erfüllt dein Traum,
dann bringet dir der heil'ge Christ
den schönsten Weihnachtsbaum."

Ernst von Wildenbruch

Christkind kam in den Winterwald

Christkind kam in den Winterwald,
der Schnee war weiß, der Schnee war kalt.
Doch als das heil'ge Kind erschien,
fing's an, im Winterwald zu blühn.

Christkindlein trat zum Apfelbaum,
erweckt ihn aus dem Wintertraum –
„Schenk Äpfel süß, schenk Äpfel zart,
schenk Äpfel mir von aller Art!"

Der Apfelbaum, er rüttelt sich,
der Apfelbaum, er schüttelt sich.
Da regnet's Äpfel ringsumher;
Christkindleins Taschen wurden schwer.

Die süßen Früchte alle nahm's,
und also zu den Menschen kam's.
Nun, holde Mäulchen, kommt, verzehrt,
was euch Christkindlein hat beschert!

Peter Rosegger

Vom Weihnachtsbaum

Friede war im Wald und jeder Baum beglückt
durch schöne, reife Frucht, womit der Herbst beschmückt
die Äste all, dass jeder Zweig sich bieget
bis hoch hinauf, wo leis' die Krone wieget.
Doch leider, wo's zum Segen will gedeihn,
da findet sich auch gern der Hochmut ein
und selbst der Neid. Und jeder wollt' sich prahlen,
dass seine Frucht die schönste sei von allen,
und jeder hing an seine längsten Äste
als stolzes Aushängeschild der Früchte beste.
Es war ein herrlich Wogen bis zur Spitze,
ein Wetten, wer das Beste wohl besitze.

Nur eines litt im Wald viel Weh und Gram
und barg sich ins Gesträuch voll tiefer Scham.
Ein Tannenbäumchen war's gar schmächtig, schlank,
wohl aller Früchte, auch der ärmsten, blank,
und während andre stolz im vollen Prangen,
hatt' es an seinem Stamm nur Nadeln hangen,

nur dunkelgrüne Nadeln, scharf und spitz;
sie stachen es, doch schärfer stach der Witz
der andren und ihr Hohn, gar schal und widrig
dem schlichten Bäumchen, weil's so arm und niedrig.
Es flüsterte der Wald sich in die Ohren
vom Taugenichts, der da umsonst geboren,
und warf ihm boshaft gar zum Spott und Schmach
die ersten gelben, dürren Blätter nach.
Das schnitt dem Bäumchen tief ins junge Herz,
es wollte schier vergehen in Leid und Schmerz
und weinte, tief bedrängt vom Weh, dem schweren,
das Harz heraus, die bittersten der Zähren.

So duldete das Bäumchen still und fromm.
Da zog hernieder durch den mächtigen Dom
ein Engel aus des Himmels heiligen Hainen,
der sah den armen Dulder schmerzlich weinen.
Er ließ sich erdenwärts vom weiten Raum,
zur armen Tanne sprechend: „Liebster Baum!
Du warst bisher verachtet und verflucht,
doch tragen wirst du noch die schönste Frucht,
die je ein Baum getragen hier auf Erden,
du sollst der Baum der höchsten Freude werden."

Wie wurde jetzt der Himmel trüb und grau!
Es blies ein kalter Wind auf Heid' und Au',
er heulte durch den Wald voll wilder Hast
und rüttelte die letzte Frucht vom Ast.
Oh, bald war jeder Baum, der einst geprahlt,
der Frucht und Blätter bar, gar kahl und alt,
es fielen Flocken und es krächzten Raben,
und sieh, der stolze Wald war wie begraben.
Nur jenes Bäumchen steht noch frisch und frei
und grünt und flüstert sanft wie einst im Mai.

Und als die heilige Nacht gekommen war,
da schwebte durch den Wald die Engelschar
zum Bäumchen zart und trug es durch die Nacht
in festlich aufgegangener Strahlenpracht.

Friedrich Rückert

Des fremden Kindes heiliger Christ

Es läuft ein fremdes Kind
am Abend vor Weihnachten
durch eine Stadt geschwind,
die Lichter zu betrachten,
die angezündet sind.

Es steht an jedem Haus
und sieht die hellen Räume,
die drinnen schaun heraus,
die lampenhellen Bäume,
weh wirds ihm überaus!

Das Kindlein weint und spricht:
„Ein jedes Kind hat heute
ein Bäumchen und ein Licht,
und hat dran seine Freude,
nur bloß ich armes nicht!

An der Geschwister Hand,
als ich daheim gesessen,
hat es mir auch gebrannt,
doch hier bin ich vergessen,
in diesem fremden Land!

Lässt mich denn niemand ein
und gönnt mir auch ein Fleckchen?
In all' den Häuserreih'n
ist für mich denn kein Eckchen,
und wär' es noch so klein?

Lässt mich denn niemand ein?
Ich will ja selbst nichts haben,
ich will ja nur am Schein
der fremden Weihnachtsgaben
mich laben ganz allein!"

Es klopft an Tür und Tor,
an Fenster und an Laden,
doch niemand tritt hervor,
das Kindlein einzuladen,
sie haben drin kein Ohr.

Ein jeder Vater lenkt
den Sinn auf seine Kinder;
die Mutter sie beschenkt,
denkt sonst nichts mehr, nichts minder;
ans Kindlein niemand denkt.

„O lieber heil'ger Christ,
nicht Mutter und nicht Vater
hab ich, wenn du's nicht bist.
Oh, sei du mein Berater,
wenn man mich hier vergisst!"

Das Kindlein reibt die Hand,
sie ist von Frost erstarrt,
es kriecht in sein Gewand
und in den Gässchen harret,
den Blick hinausgewandt.

Da kommt mit einem Licht
durchs Gässlein hergewallet,
in weißem Kleide schlicht,
ein ander Kind, wie schallet
es lieblich, da es spricht:

„Ich bin der heil'ge Christ,
war auch ein Kind vordessen,
wie du ein Kindlein bist;
ich will dich nicht vergessen,
wenn alles dich vergisst."

Dem Kind war's wie im Traum;
Es langten hergebogen
Englein herab vom Baum
zum Kindlein, das sie zogen
hinauf zum lichten Raum.

Das fremde Kindlein ist
zur Heimat eingekehret,
bei seinem heil'gen Christ,
und was hier wird bescheret,
es dorten leicht vergisst.

Christian Morgenstern

Winternacht

Es war einmal eine Glocke,
die machte baum, baum.
Und es war einmal eine Flocke,
die fiel dazu wie im Traum.

Die fiel dazu wie im Traum.
Die sank so leis hernieder,
wie ein Stück Engleingefieder
aus dem silbernen Sternenraum.

Es war einmal eine Glocke,
die machte baum, baum.
Und dazu fiel eine Flocke,
so leis als wie ein Traum.

So leis als wie ein Traum.
Und als vieltausend gefallen leis,
da war die ganze Erde weiß,
als wie von Engelflaum.

Da war die ganze Erde weiß,
als wie von Engleinflaum.

Nikolaus Lenau

Winternacht

1
Vor Kälte ist die Luft erstarrt,
es kracht der Schnee von meinen Tritten,
es dampft mein Hauch, es klirrt mein Bart;
nur fort, nur immer fortgeschritten!

Wie feierlich die Gegend schweigt!
Der Mond bescheint die alten Fichten,
die, sehnsuchtsvoll zum Tod geneigt,
den Zweig zurück zur Erde richten.

Frost! friere mir ins Herz hinein,
tief in das heiß bewegte, wilde!
Dass einmal Ruh mag drinnen sein,
wie hier im nächtlichen Gefilde!

2

Dort heult im tiefen Waldesraum
ein Wolf; – wie's Kind aufweckt die Mutter,
schreit er die Nacht auf ihrem Traum
und heischt von ihr sein blutig Futter.

Nun brausen über Schnee und Eis
die Winde fort mit tollem Jagen,
als wollten sie sich rennen heiß:
Wach auf, o Herz, zu wildem Klagen!

Lass deine Toten auferstehn
und deiner Qualen dunkle Horden!
Und lass sie mit den Stürmen gehen,
dem rauen Spielgesind aus Norden!

Theodor Storm

Weihnachtslied

Vom Himmel in die tiefsten Klüfte
Ein milder Stern herniederlacht;
Vom Tannenwalde steigen Düfte
Und hauchen durch die Winterlüfte,
Und kerzenhelle wird die Nacht.

Mir ist das Herz so froh erschrocken,
Das ist die liebe Weihnachtszeit!
Ich höre fernher Kirchenglocken
Mich lieblich heimatlich verlocken
In märchenstiller Herrlichkeit.

Ein frommer Zustand hält mich wieder,
Anbetend, staunend muss ich stehn:
Es sinkt auf meine Augenlider
Ein goldner Kindertraum hernieder,
Ich fühl's, ein Wunder ist geschehn.

Rainer Maria Rilke

Es gibt so wunderweiße Nächte

Es gibt so wunderweiße Nächte,
drin alle Dinge Silber sind.
Da schimmert mancher Stern so lind,
als ob er fromme Hirten brächte
zu einem neuen Jesuskind.

Weit wie mit dichtem Demantstaube
bestreut, erscheinen Flur und Flut,
und in die Herzen, traumgemut,
steigt ein kapellenloser Glaube,
der leise seine Wunder tut.

Joachim Ringelnatz
Vom Schenken

Schenke groß oder klein,
aber immer gediegen.
Wenn die Bedachten
die Gaben wiegen,
sei dein Gewissen rein.
Schenke herzlich
und frei.
Schenke dabei,
was in dir wohnt
an Meinung, Geschmack
und Humor,
sodass die eigene
Freude zuvor
dich reichlich belohnt.
Schenke mit Geist
ohne List.
Sei eingedenk,
dass dein Geschenk
du selber bist.

Joseph von Eichendorff

Die Flucht der Heiligen Familie

Länger fallen schon die Schatten,
Durch die kühle Abendluft,
Waldwärts über stille Matten,
Schreitet Joseph von der Kluft,
Führt den Esel treu am Zügel;
Linde Lüfte fächeln kaum,
's sind der Engel leise Flügel,
Die das Kindlein sieht im Traum,
Und Maria schauet nieder
Auf das Kind voll Lust und Leid,
Singt im Herzen Wiegenlieder
In der stillen Einsamkeit.
Die Johanneswürmchen kreisen
Emsig leuchtend übern Weg,
Wollen der Mutter Gottes weisen
Durch die Wildnis jeden Steg,
Und durchs Gras geht süßes Schaudern,
Streift es ihres Mantels Saum;

Bächlein auch lässt jetzt sein Plaudern,
Und die Wälder flüstern kaum,
Dass sie nicht die Flucht verraten.
Und das Kindlein hob die Hand,
Da sie ihm so Liebes taten,
Segnete das stille Land,
Dass die Erd' mit Blumen, Bäumen
Fernerhin in Ewigkeit
Nächtlich muss vom Himmel träumen –
O gebenedeite Zeit!

Karl Stieler

Weihnachtsglocken

O Winterwaldnacht, stumm und hehr,
mit deinen eisumglänzten Zweigen,
lautlos und pfadlos, schneelastschwer,
wie ist das groß, dein stolzes Schweigen!

Es blinkt der Vollmond klar und kalt;
in tausend funkelharten Ketten
sind festgeschmiedet Berg und Wald,
nichts kann von diesem Baum erretten.

Der Vogel fällt, das Wild bricht ein,
der Quell erstarrt, die Fichten beben;
so ringt der große Kampf ums Sein
ein tausendfaches banges Leben.

Doch in den Dörfern traut und sacht,
da läuten heut' zur Welt hinieden
die Weihnachtsglocken durch die Nacht
ihr Wunderlied – vom ew'gen Frieden.

Eduard Mörike

Die heilige Nacht

Gesegnet sei die heilige Nacht,
die uns das Licht der Welt gebracht!

Wohl unterm lieben Himmelszelt
die Hirten lagen auf dem Feld.

Ein Engel Gottes, licht und klar,
mit seinem Gruß tritt auf sie dar.

Vor Angst sie decken ihr Angesicht,
da spricht der Engel: „Fürcht' euch nicht!"

„Ich verkünd euch große Freud:
Der Heiland ist euch geboren heut."

Da gehn die Hirten hin in Eil,
zu schaun mit Augen das ewig Heil;

zu singen dem süßen Gast Willkomm,
zu bringen ihm ein Lämmlein fromm.

Bald kommen auch gezogen fern
die heil'gen drei König' mit ihrem Stern.

Sie knien vor dem Kindlein hold,
schenken ihm Myrrhen, Weihrauch, Gold.

Vom Himmel hoch der Engel Heer
frohlocket: „Gott in der Höh sei Ehr!"

Textnachweise
An die neue Rechtschreibung angepasst

Joseph von Eichendorff: *Weihnachten*, S. 273. Aus: Joseph von Eichendorff: Gedichte. Band 1. Leipzig: Hesse & Becker 1908. / *Die Flucht der Heiligen Familie*, S. 398. Aus: Joseph von Eichendorff: Gedichte. Berlin: Simion 1843.

Josef Guggenmos: *Am 4. Dezember*, S. 137. Aus: Josef Guggenmos: Groß ist die Welt. Die schönsten Gedichte. Weinheim/Basel: Beltz & Gelberg 2006.

Heinrich Heine: *Die heil'gen drei Könige aus dem Morgenland*, S. 127. Aus: Heinrich Heine: Das Buch der Lieder. Neue Gedichte. Leipzig: Tempel Verlag 1910.

August Heinrich Hoffmann von Fallersleben: *Weihnachten*, S. 23, *Der Traum*, S. 21. Aus: August Heinrich Hoffmann von Fallersleben: Gesammelte Werke. Band II. Lyrische Gedichte. Berlin 1891.

Nikolaus Lenau: *Winternacht*, S. 34 f. Aus: Nikolaus Lenau: Gedichte. Stuttgart/Tübingen: Cotta 1834.

Christian Morgenstern: *Winternacht*, S. 23. Aus: Christian Morgenstern: Sämtliche Dichtungen. Ich und die Welt. Gedichte. Band 1. o.O: Schuster & Löffler 1898.

Eduard Mörike: *Die heilige Nacht*, S. 118. Aus: Eduard Mörike: Gedichte. o. O: o. V. 1926.

Robert Reinick: *Die Nacht vor dem Heiligen Abend*, S. 13 f. Aus: Robert Reinick: ABC-Buch für große und kleine Kinder. Leipzig: o. V. 1845. / *Der Schneemann*, S. 155. Aus: Robert Reinick: Märchen-, Lieder- und Geschichtenbuch. Bielefeld/Leipzig: Belhagen und Klasing 1873. / *Weihnachtsfest*, S. 90 ff. Aus: Robert Reinick: Ausgewählte Gedichte. Hildenburghausen/New York: Meyer 1853.

Rainer Maria Rilke: *Advent*, S. 163, *Es gibt so wunderweiße Nächte*, S. 129. Aus: Rainer Maria Rilke: Gesammelte Werke. Band 1. Gedichte – frühe Gedichte. Leipzig: Insel Verlag 1930.

Joachim Ringelnatz: *Vom Schenken*, S. 14. Aus: Joachim Ringelnatz: Allerdings. Berlin: Ernst Rowohlt Verlag 1928.

Anna Ritter: *Weihnachten*, S. 187. Aus: Anna Ritter: Befreiung. Neue Gedichte. Stuttgart und Berlin: Cotta 1919. / *Vom Christkind*, S. 42. Aus: Anna Ritter: Weihnachtsgedichte. Stuttgart und Berlin: Cotta 1900.

Peter Rosegger: *Vom Weihnachtsbaum*, S. 22 ff. Aus: Peter Rosegger: Mein Lied. Leipzig: o. V. 1911.

Friedrich Rückert: *Des fremden Kindes heiliger Christ*, S. 246 ff. Aus: Friedrich Rückert: Gedichte. Frankfurt am Main: Sauerländer 1841.

Heinrich Seidel: *Der kleine Nimmersatt*, S. 38. Aus: Heinrich Seidel: Gesammelte Schriften. Band 11. Leipzig: A. G. Liebeskind 1894.

Karl Stieler: *Weihnachtsglocken*, S. 48. Aus: Karl Stieler: Karl Stielers Werke. Band 1. Leipzig: Hesse & Becker 1916.

Theodor Storm: *Weihnachtslied*, S. 119. Aus: Theodor Storm: Gedichte. Leipzig: Feuer Verlag 1924.

Ernst von Wildenbruch: *Christkind kam in den Winterwald*, S. 14. Aus: Ernst von Wildenbruch: Das neue Gebot. Berlin: Freund und Deckel 1886.

Über die Herausgeberin

Maria Buchner, 1970 im Innviertel geboren, studierte Germanistik und Musikwissenschaft. Die freie Journalistin lebt mit ihrer Familie in Oberhofen am Irrsee.

© 2014 Servus bei Benevento Publishing, Salzburg. Eine Marke der Red Bull Media House GmbH. E-Mail: info@servus-buch.at. Illustrationen und Satz von Lucie Göpfert. Herausgegeben von Maria Buchner. Redaktion: Birgit Moltinger. Korrektorat: Joe Rabl. Titelsatz aus einer Kalligrafie von Karl Starzer, Satz aus der Utopia Std. Art Direction: Peter Feierabend. Gebunden in Fadenheftung. Druck und Bindung: Druckerei Theiss. Gedruckt in Österreich.
ISBN 978-3-7104-0021-6
1 2 3 4 5 6 7 8 / 16 15 14
www.servus-buch.at